La escuela de los maridos

Molière

Copyright © 2022 Molière (domaine public)
Édition : BoD – Books on Demand,
12/14 Rond-point des Champs-Élysées,
75008 Paris.
Impression : BoD - Books on Demand, Norderstedt, Allemagne
ISBN : 9782322412563
Dépôt légal : avril 2022

PERSONAJES

DON GREGORIO
DON MANUEL
DOÑA ROSA
DOÑA LEONOR
JULIANA
DON ENRIQUE
COSME
UN COMISARIO
UN ESCRIBANO
UN LACAYO. No habla.
UN CRIADO. No habla.

La escena es en Madrid, en la plazuela de los Afligidos.

La primera casa a mano derecha, inmediata al proscenio, es la de DON GREGORIO, y la de enfrente, la de DON MANUEL. Al fin de la acera junto al foro está la de DON ENRIQUE, y al otro lado la del comisario. Habrá salidas de calle practicables, para salir y entrar los personajes de la comedia.

La acción empieza a las cinco de la tarde y acaba a las ocho de la noche.

Acto I

Escena I

DON MANUEL, DON GREGORIO.

DON GREGORIO.- Y por último, señor Don Manuel, aunque usted es en efecto mi hermano mayor, yo no pienso seguir sus correcciones de usted ni sus ejemplos. Haré lo que guste, y nada más; y me va muy lindamente con hacerlo así.

DON MANUEL.- Ya; pero das lugar a que todos se burlen, y...

DON GREGORIO.- ¿Y quién se burla? Otros tan mentecatos como tú.

DON MANUEL.- Mil gracias por atención, señor Don Gregorio.

DON GREGORIO.- Y bien, ¿qué dicen esos graves censores?, ¿qué hallan en mí que merezca su desaprobación?

DON MANUEL.- Desaprueban la rusticidad de tu carácter; esa aspereza que te aparta del trato y los placeres honestos de la sociedad; esa extravagancia que te hace tan ridículo en cuanto piensas y dices y obras, y hasta en el modo de vestir te singulariza.

DON GREGORIO.- En eso tienen razón, y conozco lo mal que hago en no seguir puntualmente lo que manda la moda; en no proponerme por modelo a los mocitos evaporados, casquivanos y pisaverdes. Si así lo hiciera, estoy bien seguro de que mi hermano mayor me lo aplaudiría; porque gracias a Dios, le veo acomodarse puntualmente a cuantas locuras adoptan los otros.

DON MANUEL.- ¡Es raro empeño el que has tomado de recordarme tan a menudo que soy viejo! Tan viejo soy, que te llevo dos años de ventaja; yo he cumplido cuarenta y cinco y tú cuarenta y tres; pero aunque los míos fuesen muchos más, ¿sería ésta una razón para que me culparas el ser tratable con las gentes, el tener buen humor, el gustar de vestirme con decencia, andar limpio y...? ¿Pues, qué? ¿La vejez nos condena, por ventura, a aborrecerlo todo; a no pensar en otra cosa que en la muerte? ¿O deberemos añadir a la deformidad que traen los años consigo, un desaliño y voluntario, una sordidez que repugne a cuantos nos vean, y sobre todo, un mal humor y un ceño que nadie pueda sufrir? Yo te aseguro que si no mudas de sistema, la pobre Rosita será poco feliz con un marido tan impertinente como tú, y que el matrimonio que la previenes será, tal vez, un origen de disgustos y de recíproco aborrecimiento, que...

DON GREGORIO.- La pobre Rosita vivirá más dichosa conmigo que su hermanita, la pobre Leonor, destinada a ser esposa de un caballero de tus prendas y de tu mérito. Cada uno procede y discurre como le parece, señor hermano... Las dos son huérfanas; su padre, amigo nuestro, nos dejó encargada al tiempo de su muerte la educación de entrambas, y previno que si andando el tiempo queríamos casarnos con ellas, desde luego aprobaba y bendecía esta unión; y en caso de no verificarse, esperaba que las buscaríamos una colocación proporcionada, fiándolo todo a nuestra honradez y a la mucha amistad que con él tuvimos. En efecto, nos dio sobre ellas la autoridad de tutor, de padre y esposo. Tú te encargaste de cuidar de Leonor y yo de Rosita; tú has enseñado a la tuya como has querido, y yo a la mía como me ha dado la gana. ¿Estamos?

DON MANUEL.- Sí; pero me parece a mí...

DON GREGORIO.- Lo que a mí me parece es que usted no ha sabido educar la suya; pero repito que cada cual puede hacer en esto lo que más le agrade. Tú consientes que la tuya sea despejada y libre y pizpireta: séalo en buen hora. Permites que tenga criadas y se deje servir como una señorita: lindamente. La das ensanches para pasearse por el lugar, ir a visitas y oír las dulzuras de tanto enamorado zascandil: muy bien hecho. Pero yo pretendo que la mía viva a mi gusto y no al suyo; que se ponga un juboncito de estameña; que no me gaste zapaticos de color, si no los días en que repican recio; que se esté quietecita en casa, como conviene a una doncella virtuosa; que acuda a todo; que barra, que limpie, y cuando haya concluido estas ocupaciones, me remiende la ropa y haga calceta. Esto es lo que quiero, y que nunca oiga las tiernas quejas de los mozalbetes antojadizos; que no hable con nadie, ni con el gato, sin tener escucha; que no salga de casa jamas, sin llevar escolta... La carne es frágil, señor mío, yo veo los trabajos que pasan otros, y puesto que ha de ser mi mujer, quiero asegurarme de su conducta, y no exponerme a aumentar el número de los maridos zanguangos.

Escena II

DOÑA LEONOR, DOÑA ROSA, JULIANA; las tres salen con mantilla y basquiña de casa de DON GREGORIO, y hablan inmediatas a la puerta. DON GREGORIO, DON MANUEL.

DOÑA LEONOR.- No te dé cuidado. Si te riñe, yo me encargo de responderle.

JULIANA.- ¡Siempre metida en un cuarto, sin ver la calle, ni poder hablar con persona humana! ¡Qué fastidio!

DOÑA LEONOR.- Mucha lástima tengo de ti.

DOÑA ROSA.- Milagro es que no me haya dejado debajo de llave, o me haya llevado consigo, que aún es peor.

JULIANA.- Le echaría yo más alto que...

DON GREGORIO.- ¡Oiga! ¿Y adónde van ustedes, niñas?

DOÑA LEONOR.- La he dicho a Rosita que se venga conmigo, para que se esparza un poco. Saldremos por aquí por la puerta de San Bernardino, y entraremos por la de Foncarral. Don Manuel nos hará el gusto de acompañarnos...

DON MANUEL.- Sí, por cierto, vamos allá.

DOÑA LEONOR.- Y, mire usted; yo me quedo a merendar en casa de Doña Beatriz... Me ha dicho tantas veces que por qué no llevo a ésta por allá, que ya no sé qué decirla, conque, si usted quiere, irá conmigo esta tarde: merendaremos, nos divertiremos un rato por el jardín y al anochecer estamos de vuelta.

DON GREGORIO.- Usted (A DOÑA LEONOR, a JULIANA, a DON MANUEL y a DOÑA ROSA, según lo indica el diálogo.) puede irse adonde guste; usted puede ir con ella... Tal para cual. Usted puede acompañarlas, si lo tiene a bien; y usted a casa.

DON MANUEL.- Pero, hermano, déjalas que se diviertan y que...

DON GREGORIO.- A más ver. (Coge del brazo a DOÑA ROSA, haciendo ademán de entrarse con ella en su casa.)

DON MANUEL.- La juventud necesita...

DON GREGORIO.- La juventud es loca, y la vejez es loca también, muchas veces.

DON MANUEL.- ¿Pero, hay algún inconveniente en que se vaya con su hermana?

DON GREGORIO.- No, ninguno; pero conmigo está mucho mejor.

DON MANUEL.- Considera que...

DON GREGORIO.- Considero que debe hacer lo que yo la mande, y considero que me interesa mucho su conducta.

DON MANUEL.- Pero, ¿piensas tú que me será indiferente a mí la de su hermana?

JULIANA.- (Aparte.) ¡Tuerto maldito!

DOÑA ROSA.- No creo que tiene usted motivo ninguno para...

DON GREGORIO.- Usted calle, señorita, que ya la explicaré yo a usted si es bien hecho querer salir de casa, sin que yo se lo proponga; y la lleve, y la traiga, y la cuide.

DOÑA LEONOR.- Pero, ¿qué quiere usted decir con eso?

DON GREGORIO.- Señora Doña Leonor, con usted no va nada. Usted es una doncella muy prudente. No hablo con usted.

DOÑA LEONOR.- Pero, ¿piensa usted que mi hermana estará mal en mi compañía?

DON GREGORIO.- ¡Oh, qué apurar! (Suelta el brazo de DOÑA ROSA y se acerca adonde están los demás.) No estará muy bien, no señora; y hablando en plata, las visitas que usted la hace me agradan poco; y el mayor favor que usted puede hacerme es el de no volver por acá.

DOÑA LEONOR.- Mire usted, señor Don Gregorio, usando con usted de la misma franqueza, le digo que yo no sé cómo ella tomará semejantes procedimientos, pero bien adivino el efecto que haría en mí, una desconfianza tan injusta. Mi hermana es, pero dejaría de tener mi sangre, si fuesen capaces de inspirarla amor esos modales feroces y esa opresión en que usted la tiene.

JULIANA.- Y dice bien. Todos esos cuidados son cosa insufrible. ¡Encerrar de esa manera a las mujeres! Pues qué, ¿estamos entre turcos? Que dicen que las tienen allá como esclavas, y que por eso son malditos de Dios. ¡Vaya que nuestro honor debe ser cosa bien quebradiza, si tanto afán se necesita para conservarle! Y, ¿qué piensa usted, que todas esas precauciones pueden estorbarnos el hacer nuestra santísima voluntad? Pues no lo crea usted; y al hombre más ladino le volvemos tarumba cuando se nos pone en la cabeza burlarle y confundirle. Ese encerramiento y esas centinelas son ilusiones de locos, y lo más seguro es fiarse de nosotras. El que nos oprime a grandísimo peligro se expone; nuestro honor se guarda a sí mismo; y el que tanto se afana en cuidar de él, no hace otra cosa que despertarnos el apetito. Yo, de mí sé decir, que si me tocara en suerte un marido tan caviloso como usted y tan desconfiado, por el nombre que tengo, que me las había de pagar.

DON GREGORIO.- Mira la buena enseñanza que das a tu familia, ¡ves! ¡Y lo sufres con tanta paciencia!

DON MANUEL.- En lo que ha dicho no hallo motivos de enfadarme, sino de reír; y bien considerado no la falta razón. Su sexo necesita un poco de libertad, Gregorio, y el rigor excesivo no es a propósito para contenerle. La virtud de las esposas y de las doncellas no se debe ni a la vigilancia más suspicaz, ni a las celosías, ni a los cerrojos. Bien poco estimable sería una mujer, si solo fuese honesta por necesidad y no por elección. En vano queremos dirigir su conducta, si antes de todo no procuramos merecer su confianza y su cariño. Yo te aseguro que a pesar de todas las precauciones imaginables, siempre temería que peligrase mi honor en manos de una persona a quien sólo faltase la ocasión de ofenderme si por otra parte la sobraban los deseos.

DON GREGORIO.- Todo eso que dices no vale nada. (JULIANA se acerca a DOÑA ROSA que estará algo apartada. DON GREGORIO lo advierte, la mira con enojo y JULIANA vuelve a retirarse.)

DON MANUEL.- Será lo que tú quieras... Pero insisto en que es menester instruir a la juventud con la risa en los labios; reprehender sus defectos con grandísima dulzura, y hacerla que ame la virtud, no que a su nombre se atemorice. Estas máximas he seguido en la educación de Leonor. Nunca he mirado como delito sus desahogos inocentes; nunca me he negado a complacer aquellas inclinaciones, que son propias de la primera edad, y te aseguro que hasta ahora no me ha dado motivos de arrepentirme. La he permitido que vaya a concurrencias, a diversiones; que baile, que frecuente los teatros, porque en mi opinión (suponiendo siempre los buenos principios) no hay cosa que más contribuya a rectificar el juicio de los jóvenes. Y a la verdad, si hemos de vivir en el mundo, la escuela del mundo instruye mejor que los libros más doctos. Su padre dispuso que fuera mi mujer, pero estoy bien lejos de tiranizarla, para ninguna cosa la daré mayor libertad que para esta resolución porque no debo olvidarme de la diferencia que hay entre sus años y los míos. Más quiero verla ajena, que poseerla a costa de la menor repugnancia suya.

DON GREGORIO.- ¡Qué blandura! ¡Qué suavidad! Todo es miel y almíbar... Pero, permítame usted que le diga, señor hermano: que cuando se ha concedido en los primeros años demasiada holgura a una niña, es muy difícil o acaso imposible el sujetarla después, y que se verá usted sumamente embrollado, cuando su pupila sea ya su mujer, y por consecuencia tenga que mudar de vida y costumbres.

DON MANUEL.- Y, ¿por qué ha de hacerse esa mudanza?

DON GREGORIO.- ¿Por qué?

DON MANUEL.- Sí.

DON GREGORIO.- No sé. Si usted no lo alcanza, yo no lo sé tampoco.

DON MANUEL.- ¿Pues hay algo en eso contra la estimación?

DON GREGORIO.- ¡Calle! ¿Conque si usted se casa con ella, la dejará vivir en la misma santa libertad que ha tenido hasta ahora?

DON MANUEL.- ¿Y por qué no?

DON GREGORIO.- ¿Y consentirá que gaste blondas, y cintas, y flores, y abaniquitos de anteojo, y...

DON MANUEL.- Sin duda.

DON GREGORIO.- ¿Y que vaya al prado y a la comedia con otras cabecillas, y habrá simoníaco y merienda en el río y...?

DON MANUEL.- Cuando ella quiera.

DON GREGORIO.- ¿Y tendrá usted conversación en casa, chocolate, lotería, baile, fortepiano y coplitas italianas?

DON MANUEL.- Preciso.

DON GREGORIO.- ¿Y la señorita oirá las impertinencias de tanto galán amartelado?

DON MANUEL.- Si no es sorda.

DON GREGORIO.- ¿Y usted callará a todo, y lo verá con ánimo tranquilo?

DON MANUEL.- Pues ya se supone.

DON GREGORIO.- Quítate de ahí, que eres un loco... Vaya usted adentro, niña; usted no debe asistir a pláticas tan indecentes. (Hace entrar en su casa a DOÑA ROSA apresuradamente, cierra la puerta y se pasea colérico por el teatro.)

Escena III

DON MANUEL, DON GREGORIO, DOÑA LEONOR, JULIANA.

DON MANUEL.- Ya te lo he dicho. La que sea mi esposa vivirá conmigo en libertad honesta; la trataré bien, haré estimación de ella, y probablemente corresponderá como debe a este amor y a esta confianza.

DON GREGORIO.- ¡Oh! Qué gusto he de tener cuando la tal esposa le...

DON MANUEL.- ¿Qué?... Vamos, acaba de decirlo.

DON GREGORIO.- ¡Qué gusto ha de ser para mí!

DON MANUEL.- Yo ignoro cuál será mi suerte; pero creo que si no te sucede a ti el chasco pesado que me pronosticas, no será ciertamente por no haber hecho de tu parte cuantas diligencias son necesarias para que suceda.

DON GREGORIO.- Sí, ríe, búrlate. Ya llegará la mía, y veremos entonces cuál de los dos tiene más gana de reír.

DOÑA LEONOR.- Yo le aseguro del peligro con que usted le amenaza, señor Don Gregorio, y desprecio la infame sospecha que usted se atreve a suscitar delante de mí. Yo lo prometo, si llega el caso de que este matrimonio se verifique, que su honor no padezca, porque me estimo a mi propia en mucho; pero si usted hubiera de ser mi marido, en verdad que no me atrevería a decir otro tanto.

JULIANA.- Realmente es cargo de conciencia con los que nos tratan bien y hacen confianza de nosotras; pero con hombres como usted, pan bendito.

DON GREGORIO.- Vaya enhoramala, habladora, desvergonzada, insolente.

DON MANUEL.- Tú tienes la culpa de que ella hable así... Vamos Leonor. Allá te dejaré con tus amigas y yo me volveré a despachar el correo.

DOÑA LEONOR.- Pero, ¿no irá usted por mí?

DON MANUEL.- ¿Qué sé yo? Si no he ido al anochecer, el criado de Doña Beatriz puede acompañaros. Adiós, Gregorio. Conque, quedamos en que es menester mudar de humor, y en que esto de encerrar a las mujeres es mucho desatino. Soy criado de usted. (DON MANUEL y las dos mujeres se van por una de las calles.)

DON GREGORIO.- Yo no soy criado de usted. Vaya usted con Dios.

Escena IV

DON GREGORIO.- Dios los cría y ellos se juntan... ¡Qué familia! Un hombre maduro, empeñado en vivir como un mancebito de primera tijera, una solterita desenfadada, y mujer de mundo, unos criados sin vergüenza, ni... No, la prudencia misma no bastaría a corregir los desórdenes de semejante casa... Lo peor es que Rosita no aprenderá cosa buena con estos ejemplos, y tal vez pudieran malograrse las ideas de recogimiento y virtud que he sabido inspirarla... Pondremos remedio... Muy buena es la plazuela de Afligidos; pero en Griñon estará mejor. Sí, cuanto antes; y allí volverá a divertirse con sus lechugas y sus gallinitas.

Escena V

DON ENRIQUE, COSME, salen los dos de la casa de DON ENRIQUE y observan a DON GREGORIO, que estará distante.

COSME.- ¿Es él?

DON ENRIQUE.- Sí, él es; el cruel tutor de la hermosa prisionera que adoro.

DON GREGORIO.- Pero, ¡no es cosa de aturdirse al ver la corrupción actual de las costumbres!...

DON ENRIQUE.- Quisiera vencer mi repugnancia; hablar con él, y ver si logro de alguna manera introducirme.

DON GREGORIO.- En vez de aquella severidad que caracterizaba la honradez antigua, (Se acerca un poco DON ENRIQUE por el lado derecho de DON GREGORIO y le hace cortesía.) no vemos en nuestra juventud sino excesos de inobediencia, libertinaje y...

DON ENRIQUE.- Pero, ¿este hombre no ve?

COSME.- ¡Ay! Es verdad. Ya no me acordaba. Si éste es el lado del ojo huero. Vamos por el otro. (Hace que DON ENRIQUE pase por detrás de DON GREGORIO al lado opuesto.)

DON GREGORIO.- No, no, no... Es preciso salir de aquí. Mi permanencia en la corte no pudiera menos de... (Estornuda y se suena.)

DON ENRIQUE.- No hay remedio; yo quiero introducirme con él.

DON GREGORIO.- ¿Eh? (Se vuelve hacia el lado derecho, y no viendo a nadie prosigue su discurso.) Pensé que hablaban... A lo menos en un lugar, bendito Dios, no se ven estas locuras de por aquí.

COSME.- Acérquese usted.

DON GREGORIO.- ¿Quién va? (Vuelve por el lado derecho, se rasca la oreja, y al concluir una vuelta entera repara en DON ENRIQUE, que le hace cortesías con el sombrero. DON GREGORIO se aparta y DON ENRIQUE se le va acercando.) Las orejas me zumban... Allí todas las diversiones de las muchachas se reducen a... ¿Es a mí?

COSME.- Ánimo.

DON GREGORIO.- Allí ninguno de estos barbilindos viene con sus... ¡Qué diablos!... ¡Dale!... ¡Vaya que el hombre es atento!

DON ENRIQUE.- Mucho sentiría, caballero, haberle distraído a usted de sus meditaciones.

DON GREGORIO.- En efecto.

DON ENRIQUE.- Pero la oportunidad de conocer a usted que ahora se me presenta es para mí una fortuna, una satisfacción tan apetecible, que no he podido resistir al deseo de saludarle...

DON GREGORIO.- Bien.

DON ENRIQUE.- Y de manifestarle a usted con la mayor sinceridad, cuánto celebraría poderme ocupar en servicio suyo.

DON GREGORIO.- Lo estimo.

DON ENRIQUE.- Tengo la dicha de ser vecino de usted, en lo cual debo estar muy agradecido a mi suerte, que me proporciona...

DON GREGORIO.- Muy bien.

DON ENRIQUE.- Y, ¿sabe usted las noticias que hoy tenemos? En la corte aseguran, como cosa muy positiva...

DON GREGORIO.- ¿Qué me importa?

DON ENRIQUE.- Ya; pero a veces tiene uno curiosidad de saber novedades y...

DON GREGORIO.- ¡Eh!

DON ENRIQUE.- Realmente, (Después de una larga pausa prosigue DON ENRIQUE. Se para, deseando que DON GREGORIO le conteste, y viendo que no lo hace, sigue hablando.) Madrid es un pueblo en que se disfrutan más comodidades y diversiones que en otra parte... Las provincias en comparación de esto... Ya se ve, ¡aquella soledad, aquella monotonía!... ¿Y usted en qué pasa el tiempo?

DON GREGORIO.- En mis negocios.

DON ENRIQUE.- Sí; pero el ánimo necesita descanso, y a las veces se rinde por la demasiada aplicación a los asuntos graves... Y de noche, antes de recogerse, ¿qué hace usted?

DON GREGORIO.- Lo que me da la gana.

DON ENRIQUE.- Muy bien dicho. La respuesta es exactísima y desde luego se echa de ver su prudencia de usted en no querer hacer cosa que no sea muy de su agrado. Cierto que... Yo, si usted no estuviese muy ocupado, pasarla, así, algunas noches a su casa de usted y...

DON GREGORIO.- Agur. (Atraviesa por entre los dos, se entra en su casa y cierra.)

Escena VI

DON ENRIQUE, COSME.

DON ENRIQUE.- ¿Qué te parece, Cosme? ¿Ves, qué hombre éste?

COSME.- Asperillo es de condición y amargo de respuestas.

DON ENRIQUE.- ¡Ah!, ¡yo me desespero!

COSME.- Y, ¿por qué?

DON ENRIQUE.- ¿Eso me preguntas? Porque veo sin libertad a la prenda que más estimo; en poder de ese bárbaro, de ese dragón vigilante, que la guarda y la oprime.

COSME.- Auto en favor. Eso que a usted le apesadumbra, debiera hacerle concebir mayor esperanza. Sepa usted señor Don Enrique, para que se tranquilice y se consuele, que una mujer a quien celan y guardan mucho, está ya medio conquistada; y que el mal humor de los maridos y de los padres no hace otra cosa que adelantar las pretensiones del galán. Yo no soy enamoradizo, ni entiendo de esos filis; pero muchas veces oí decir a algunos de mis amos anteriores (corsarios de profesión) que no había para ellos mayor gusto que el de hallarse con uno de estos maridos fastidiosos, groseros, regañones, atisbadores, impertinentes, cavilosos, coléricos, que armados con la autoridad de maridos, a vista de los amantes de su mujer, la martirizan y la desesperan. ¿Y qué sucede? Lo que es natural, naturalísimo. Que el tímido caballero, animándose al ver el justo resentimiento de la señora por los ultrajes que ha padecido, se lastima de su situación, la consuela, la acaricia, la arrulla, y ella como es regular se lo agradece y... En fin, se adelanta camino. Créame usted, la aspereza del consabido tutor, le facilitará a usted los medios de enamorar a la pupila.

DON ENRIQUE.- ¿Qué facilidades me propones, cuando sabes que hace ya tres meses que suspiro en vano? Ganado el pleito, por el cual emprendí mi viaje de Córdoba a Madrid, entretengo con dilaciones a mi buen padre, impaciente de verme huyo del trato de mis amigos, de las muchas distracciones que ofrece la corte, me vengo a vivir a este barrio solitario, para estar cerca de Doña Rosita, y tener ocasiones de hablarla, y hasta ahora mi desdicha ha sido tan grande, que no lo he podido conseguir.

COSME.- Dicen que amor es invencionero y astuto; pero no me parece a mí que usted pone toda la diligencia que pide el caso, ni que discurre arbitrios para...

DON ENRIQUE.- ¿Y qué he de hacer yo, si la casa está cerrada siempre como un castillo? ¿Si no hay dentro de ella, criado ni criada alguna, de quien poder valerme? ¿Si nunca sale por esa puerta, sin ir acompañada de su feroz alcaide?

COSME.- ¿De suerte que ella todavía no sabe que usted la quiere?

DON ENRIQUE.- No sé qué decirte. Bien me ha visto que la sigo a todas partes y que me recato de que su tutor repare en mí. Cuando la lleva a misa, a San Marcos, allí estoy yo; si alguna vez se va a pasear con ella hacia la florida, al cementerio, o al camino de Maudes, siempre la he seguido a lo lejos. Cuando he podido acercarme, bien he procurado que lea en mis ojos lo que padece mi corazón; pero, ¿quién sabe si ella ha comprendido este idioma, y si agradece mi amor, o le desestima?

COSME.- A la fe que el tal lenguaje es un poco oscuro, si no te acompañan las palabras o las letras.

DON ENRIQUE.- No sé qué hacer para salir de esta inquietud, y averiguar si me ha entendido, y conoce lo que la quiero... Discurre tú algún arbitrio...

COSME.- Sí, discurramos.

DON ENRIQUE.- A ver si se puede...

COSME.- Ya lo entiendo; pero aquí no estamos bien. A casa.

DON ENRIQUE.- Pues, ¿qué importa que...?

COSME.- No ve usted que si el amigo estuviese ahí detrás de las persianas, avizorándonos con el ojo que le sobra... No, no, a casa... Y despacito, como que...

DON ENRIQUE.- Sí, dices bien. (Vanse los dos, encaminándose lentamente a casa de DON ENRIQUE.)

Acto II

Escena I

Sale DON MANUEL por una de las calles, llega a su casa, tira de la campanilla; después de una breve pausa se abre la puerta, entra y queda cerrada como antes.

DON MANUEL.- Abre.

Escena II

DON GREGORIO, DOÑA ROSA. Salen los dos de casa de DON GREGORIO.

DON GREGORIO.- Bien; vete, que ya sé la casa; y aun por las señas que me das, también caigo en quien es el sujeto. (Se aparta un poco de DOÑA ROSA y vuelve después.)

DOÑA ROSA.- ¡Oh!, ¡favorezca la suerte los ardides que me inspira un inocente amor!

DON GREGORIO.- ¿No dices que has oído que se llama Don Enrique?

DOÑA ROSA.- Sí, Don Enrique.

DON GREGORIO.- Pues bien, tranquilízate. Vete adentro y déjame, que yo estaré con ese aturdido, y le diré lo que hace al caso. (Vuelve a apartarse, y se queda pensativo. Entretanto DOÑA ROSA se entra y cierra la puerta. DON GREGORIO llama a la de DON ENRIQUE.)

DOÑA ROSA.- Para una doncella, demasiado atrevimiento es éste... Pero, ¿qué persona de juicio se negará a disculparme, si considera el injusto rigor que padezco?

DON GREGORIO.- No perdamos tiempo... ¡Ah, de casa!... Gente de paz... Ya no me admiro de que el dichoso vecinito se me viniese haciendo tantas reverencias; pero yo le haré ver que su proyecto insensato no le...

Escena III

COSME, DON GREGORIO, DON ENRIQUE.

DON GREGORIO.- Qué bruto de... (Al salir COSME, da un gran tropezón con DON GREGORIO.) ¡No ve usted qué modo de salir!... ¡Por poco no me hace desnucar el bárbaro! (Mientras

DON GREGORIO busca y limpia el sombrero que ha caído por el suelo, sale DON ENRIQUE, y durante la escena le trata con afectado cumplimiento, lo cual va impacientando progresivamente a DON GREGORIO.)

DON ENRIQUE.- Caballero, siento mucho que...

DON GREGORIO.- ¡Ah! Precisamente es usted el que busco.

DON ENRIQUE.- ¿A mí, señor?

DON GREGORIO.- Sí, por cierto... ¿No se llama usted Don Enrique?

DON ENRIQUE.- Para servir a usted.

DON GREGORIO.- Para servir a Dios... Pues, señor, si usted lo permite, yo tengo que hablarle.

DON ENRIQUE.- ¿Será tanta mi felicidad que pueda complacerle a usted en algo?

DON GREGORIO.- No, al contrario; yo soy el que trato de hacerle a usted un obsequio y por eso me he tomado la libertad de venir a buscarle.

DON ENRIQUE.- ¿Y usted venía a mi casa con ese intento?

DON GREGORIO.- Sí señor... ¿Y qué hay en eso de particular?

DON ENRIQUE.- ¿Pues no quiere usted que me admire? Y que envanecido con el honor de que...

DON GREGORIO.- Dejémonos ahora de honores y de envanecimientos... Vamos al caso.

DON ENRIQUE.- Pero, tómese usted la molestia de pasar adelante.

DON GREGORIO.- No hay para qué.

DON ENRIQUE.- Sí, sí, usted me hará este favor.

DON GREGORIO.- No, por cierto. Aquí estoy muy bien.

DON ENRIQUE.- ¡Oh! No es cortesía permitir que usted...

DON GREGORIO.- Pues yo le digo a usted que no quiero moverme.

DON ENRIQUE.- Será lo que usted guste. Cosme, volando, baja un taburete para el vecino. (COSME se encamina a la puerta de su casa para buscar el taburete, después se detiene dudando lo que ha de hacer.)

DON GREGORIO.- Pero si de pie le puedo a usted decir lo que...

DON ENRIQUE.- ¿De pie? ¡Oh! ¡No se trata de eso!

DON GREGORIO.- ¡Vaya, que el hombre me mortifica en forma!

COSME.- ¿Le traigo o le dejo? ¿Qué he de hacer?

DON GREGORIO.- No le traiga usted.

DON ENRIQUE.- Pero sería una desatención indisculpable...

DON GREGORIO.- Hombre, más desatención es no querer oír a quién tiene que hablar con usted.

DON ENRIQUE.- Ya oigo. (DON ENRIQUE hace ademán de ponerse el sombrero, pero al ver que DON GREGORIO le tiene aún en la mano, queda descubierto, le hace insinuaciones de que se le ponga primero. DON GREGORIO se impacienta y al fin se le ponen los dos.)

DON GREGORIO.- Así me gusta... Por Dios, dejémonos de ceremonias, que ya me... ¿Quiere usted oírme?

DON ENRIQUE.- Sí por cierto; con muchísimo gusto.

DON GREGORIO.- Dígame usted... ¿Sabe usted que yo soy tutor de una joven muy bien parecida, que vive en aquella casa de las persianas verdes y se llamó Doña Rosita?

DON ENRIQUE.- Sí, señor.

DON GREGORIO.- Pues bien; si usted lo sabe no hay para qué decírselo... ¿Y sabe usted que siendo muy de mi gusto esta niña, me interesa mucho su persona; aun más que por el pupilaje, por estar destinada al honor de ser mi mujer?

DON ENRIQUE.- No sabía eso. (Con sorpresa y sentimiento.)

DON GREGORIO.- Pues yo se lo digo a usted. Y además, le digo que si usted gusta, no trate de galanteármela y la deje en paz.

DON ENRIQUE.- ¿Quién?... ¡Yo, señor!

DON GREGORIO.- Sí, usted. No andemos ahora con disimulos.

DON ENRIQUE.- Pero, ¿quién le ha dicho a usted que yo esté enamorado de esa señorita?

DON GREGORIO.- Personas a quienes se puede dar entera fe y crédito.

DON ENRIQUE.- Pero, repito que...

DON GREGORIO.- ¡Dale!... Ella misma.

DON ENRIQUE.- ¿Ella? (Se admira y manifiesta particular interés en saber lo restante.)

DON GREGORIO.- Ella. ¿No le parece a usted que basta? Como es una muchacha muy honrada, y que me quiere bien desde su edad más tierna, acaba de hacerme relación de todo lo que pasa. Y me encarga además, que le advierta a usted que ha entendido muy bien lo que usted quiere decirla con sus miradas, desde que ha dado en la flor de seguirla los pasos; que no ignora sus deseos de usted, pero que esta conducta la ofende, y que es inútil que usted se obstine en manifestarla una pasión, tan repugnante al cariño que a mí me profesa.

DON ENRIQUE.- ¿Y dice usted que es ella misma la que le ha encargado...?

DON GREGORIO.- Sí señor, ella misma, la que me hace venir a darle a usted este consejo saludable. Y a decirle que habiendo penetrado desde luego sus intenciones de usted le hubiera dado este aviso mucho tiempo antes, si hubiese tenido alguna persona de quien fiar tan delicada comisión; pero que viéndose ya apurada y sin otro recurso, ha querido valerse de mí para que cuanto antes sepa usted que basta ya de guiñaduras; que su corazón todo es mío; y que si tiene usted un tantico de prudencia, es de esperar que dirigirá sus miras hacia otra parte. Adiós, hasta la vista. No tengo otra cosa que advertir a usted. (Se aparta de ellos, adelantándose hacia el proscenio.)

DON ENRIQUE.- Y bien, Cosme, ¿qué me dices de esto?

COSME.- Que no le debe dar a usted pesadumbre; que alguna maraña hay oculta; y sobre todo, que no desprecia su obsequio de usted la que le envía ese recado.

DON GREGORIO.- ¡Se ve que le ha hecho efecto!

DON ENRIQUE.- ¿Conque tú crees también que hay algún artificio?

COSME.- Sí... Pero vamos de aquí, porque está observándonos. (Los dos se entran en la casa de DON ENRIQUE; DON GREGORIO, después de haberlos observado, se pasea por el teatro.)

Escena IV

DON GREGORIO, DOÑA ROSA.

DON GREGORIO.- Anda, pobre hombre, anda, que no esperabas tu semejante visita... Ya se ve, ¡una niña virtuosa como ella es, con la educación que ha tenido!... Las miradas de un hombre la asustan, y se da por muy ofendida. (Mientras DON GREGORIO se pasea y hace ademanes de hablar solo, DOÑA ROSA abre su puerta y habla sin haberle visto; él por último se encamina a su casa y le sorprende hallar a DOÑA ROSA.)

DOÑA ROSA.- Yo me determino. Tal vez en la sorpresa que debe causarle no habrá entendido mi intención... ¡Oh!, es menester, si ha de acabarse esta esclavitud, no dejarle en dudas.

DON GREGORIO.- Vamos a verla y a contarla... ¡Calle! ¿Qué estabas aquí?... Ya despaché mi comisión.

DOÑA ROSA.- Bien impaciente estaba. ¿Y qué hubo?

DON GREGORIO.- Que ha surtido el efecto deseado, y el hombre queda que no sabe lo que le pasa. Al principio se me hacía el desentendido; pero luego que le aseguré que tú propia me enviabas, se confundió, no acertaba con las palabras, y no me parece que te vuelva a molestar.

DOÑA ROSA.- ¿Eso dice usted? Pues yo temo que ese bribón nos ha de dar alguna pesadumbre.

DON GREGORIO.- Pero, ¿en qué fundas ese temor, hija mía?

DOÑA ROSA.- Apenas había usted salido me fui a la pieza del jardín, a tornar un poco el fresco en la ventana, y oí que fuera de la tapia cantaba un chico, y se entretenía en tirar piedras al emparrado. Le reñí desde el balcón, diciéndole que se fuese de allí; pero él se reía y no dejaba de tirar. Como los cantos llegaban demasiado cerca, quise meterme adentro, temerosa de que no me rompiese la cabeza con alguno. Pues cuando iba a cerrar la ventana, viene uno por el aire que me pasó muy cerca de este hombro, y cayó dentro del cuarto. Pensaba yo que fuese un pedazo de yeso; acercome a cogerle, y... ¿Qué le parece a usted que era?

DON GREGORIO.- ¿Qué sé yo? Algún mendrugo seco, o algún troncho, o así...

DOÑA ROSA.- No, señor. Era este envoltorio de papel (Saca de la faltriquera un papel envuelto, y según lo indica el diálogo, le desenvuelve y va enseñándole a DON GREGORIO la caja y la carta.)

DON GREGORIO.- ¡Calle!

DOÑA ROSA.- Y dentro esta caja de oro.

DON GREGORIO.- ¡Oiga!

DOÑA ROSA.- Y dentro esta carta, dobladita como usted la ve, con su sobrescrito, y su sello de lacre verde, y...

DON GREGORIO.- ¡Picardía como ella!... ¿Y el muchacho?

DOÑA ROSA.- El muchacho desapareció al instante... Mire usted, el corazón le tengo tan oprimido que...

DON GREGORIO.- Bien te lo creo.

DOÑA ROSA.- Pero es obligación mía devolver inmediatamente la caja y la carta a ese diablo de ese hombre; bien que para esto era menester que alguno se encargase de... Porque atreverme yo a que usted mismo...

DON GREGORIO.- Al contrario, bobilla; de esa manera me darás una prueba de tu cariño. No sabes tú la fineza que en esto me haces. Yo, yo me encargo de muy buena gana de ser el portador.

DOÑA ROSA.- Pues tome usted. (Le da la caja, la carta y el papel en que estaba todo envuelto. DON GREGORIO lee el sobrescrito, y hace ademán de ir a abrir la carta; DOÑA ROSA pone las manos sobre las suyas y le detiene.)

DON GREGORIO.- «A mi señora, Doña Rosa Jiménez. -Enrique de Cárdenas». ¡Temerario, seductor! Veamos lo que te escribe y...

DOÑA ROSA.- ¡Ay! No por cierto; no la abra usted.

DON GREGORIO.- ¿Y qué importa?

DOÑA ROSA.- ¿Quiere usted que él se persuada a que yo he tenido la ligereza de abrirla? Una doncella debe guardarse de leer jamás los billetes que un hombre la envíe porque la curiosidad que en esto descubre, dará a sospechar que interiormente no la disgusta que la escriban amores. No señor, no. Yo creo que se le debe entregar la carta cerrada como está, y sin dilación ninguna para que vea el alto desprecio que hago de él, que pierda toda esperanza, y no vuelva nunca a intentar locura semejante.

DON GREGORIO.- ¡Tiene muchísima razón! (Se aparta hacia un lado y vuelve después a hablarla muy satisfecho. Mete la carta dentro de la caja, la envuelve curiosamente, y se la guarda.) Rosita, tu prudencia y tu virtud me maravillan. Veo que mis lecciones han producido en tu alma inocente sazonados frutos, y cada vez te considero más digna de ser mi esposa.

DOÑA ROSA.- Pero, si usted tiene gusto de leerla...

DON GREGORIO.- No, nada de eso.

DOÑA ROSA.- Léala usted si quiere, como no la oiga yo.

DON GREGORIO.- No, no señor. Si estoy muy persuadido de lo que me has dicho. Conviene llevarla así. Voy allá en un instante... Me llegaré después aquí a la botica, a encargar aquel ungüentillo para los callos... Volveré a hacerte compañía y leeremos un par de horas en Desiderio y Electo... ¡Eh! Adiós.

DOÑA ROSA.- Venga usted pronto. (Se entra DOÑA ROSA en su casa.)

Escena V

DON GREGORIO, COSME.

DON GREGORIO.- El corazón me rebosa de alegría al ver una muchacha de esta índole. Es un tesoro el que yo tengo en ella, de modestia y de juicio. ¡Ah! Quisiera yo saber si la pupila de mi docto hermano será capaz de proceder así. ¡No señor; las mujeres son, lo que se quiere que sean! (Va a casa de DON ENRIQUE y llama. Al salir COSME, desenvuelve el papel, le enseña la carta cerrada, se le pone todo en las manos y se va por una calle.) Deo gracias.

COSME.- ¿Quién es? ¡Oh! Señor Don...

DON GREGORIO.- Tome usted, dígale usted a su amo que no vuelva a escribir más cartas a aquella señorita, ni a enviarla cajitas de oro; porque está muy enfadada con él... Mire usted, cerrada viene. Dígale usted que por ahí podrá conocer el buen recibo que ha tenido, y lo que puede esperar en adelante.

Escena VI

DON ENRIQUE, COSME.

DON ENRIQUE.- ¿Qué es eso? ¿Qué te ha dado ese bárbaro?

COSME.- Esta caja, con esta carta, que dice que usted ha enviado a Doña Rosita... (DON ENRIQUE le oye con admiración, abre la carta y la lee cuando lo indica el diálogo.)

DON ENRIQUE.- ¡Yo!...

COSME.- La cual Doña Rosita se ha irritado tanto, según él asegura, de este atrevimiento, que se la vuelve a usted sin haberla querido abrir... Lea usted pronto y veremos si mi sospecha se verifica.

DON ENRIQUE.- «Esta carta le sorprenderá a usted sin duda. El designio de escribírsela, y el modo con que la pongo en sus manos, parecerán demasiado atrevidos; pero el estado en que me veo, no me da lugar a otras atenciones. La idea de que dentro de seis días he de casarme con el hombre que más aborrezco, me determina a todo; y no queriendo abandonarme a la desesperación, elijo el partido de implorar de usted el favor que necesito para romper estas cadenas. Pero no crea usted que la inclinación que le manifiesto sea únicamente procedida de mi suerte infeliz; nace de mi propio albedrío. Las prendas estimables que veo en usted, las noticias que he procurado adquirir de su estado, de su conducta y de su calidad, aceleran y disculpan esta determinación... En usted consiste que yo pueda cuanto antes llamarme suya; pues sólo espero que me indique los designios de su amor, para que yo le haga saber lo que tengo resuelto. Adiós, y considere usted que el tiempo vuela, y que dos corazones enamorados con media palabra deben entenderse.»

COSME.- ¿No le parece a usted que la astucia es de lo más sutil que puede imaginarse? ¿Sería creíble en una muchacha tan ingeniosa travesura de amor?

DON ENRIQUE.- ¡Esta mujer es adorable! Este rasgo de su talento y de su pasión, acrecen la que yo la tengo (DON GREGORIO sale por una de las calles y se detiene. Después se acerca.) y unido todo a la juventud, a las gracias y a la hermosura...

COSME.- Que viene el tuerto. Discurra usted lo que le ha de decir.

Escena VII

DON GREGORIO, DON ENRIQUE, COSME.

DON GREGORIO.- Allí se están amo y criado como dos peleles... Conque, dígame usted, caballerito. ¿Volverá usted a enviar billetes amorosos a quien no se los quiere leer? Usted pensaba encontrar una niña alegre, amiga de cuchicheos y citas, y quebraderos de cabeza. Pues ya ve usted el chasco que le ha sucedido... Créame, señor vecino, déjese de gastar la pólvora en salvas. Ella me quiere, tiene muchísimo juicio; a usted no le puede ver ni pintado, con que lo mejor es una buena retirada, y llamar a otra puerta, que por ésta no se puede entrar.

DON ENRIQUE.- Es verdad, su mérito de usted es un obstáculo invencible. Ya echo de ver que era una locura aspirar al cariño de Doña Rosita, teniéndole a usted por competidor.

DON GREGORIO.- ¡Ya se ve que era una locura!

DON ENRIQUE.- ¡Oh! Yo le aseguro a usted que, si hubiese llegado a presumir, que usted era ya dueño de aquel corazón, nunca hubiera tenido la temeridad de disputársele.

DON GREGORIO.- ¡Yo lo creo!

DON ENRIQUE.- Acabó mi esperanza, y renuncio a una felicidad, que estando usted de por medio, no es para mí.

DON GREGORIO.- En lo cual hace usted muy bien.

DON ENRIQUE.- Y aún es tal mi desdicha, que no me permite ni el triste consuelo de la queja porque, al considerar las prendas que le adornan a usted, ¿cómo he de atreverme a culpar la elección de Doña Rosa, que las conoce y las estima?

DON GREGORIO.- Usted dice bien.

DON ENRIQUE.- No haya más. Esta ventura no era para mí; desisto de un empeño tan imposible... Pero, si algo merece con usted un amante infeliz, (DON ENRIQUE dará particular expresión a estas razones, y a las que dice más adelante; deseoso de que DON GREGORIO las perciba bien y acierte a repetirlas.) de cuya aflicción es usted la causa, yo le suplico solamente que asegure en mi nombre a Doña Rosita, que el amor que de tres meses a esta parte la estoy manifestando es el más puro, el más honesto; y que nunca me ha pasado por la imaginación idea ninguna, de la cual su delicadeza y su pudor deban ofenderse.

DON GREGORIO.- Sí, bien está, se lo diré.

DON ENRIQUE.- Que como era tan voluntaria esta elección en mí, no tenía otro intento que el de ser su esposo; ni hubiera abandonado esta solicitud, si el cariño que a usted le tiene, no me opusiera un obstáculo tan insuperable.

DON GREGORIO.- Bien, se lo diré lo mismo que usted me lo dice.

DON ENRIQUE.- Sí, pero que no piense que yo pueda olvidarme jamás de su hermosura. Mi destino es amarla mientras me dure la vida; y si no fuese el justo respeto que me inspira su mérito de usted, no habría en el mundo ninguna otra consideración que fuese bastante a detenerme.

DON GREGORIO.- Usted habla y procede en eso como hombre de buena razón... Voy al instante a decirla cuanto usted me encarga... (Hace que se va y vuelve.) Pero, créame usted, Don Enrique, es menester distraerse, alegrarse y procurar que esa pasión se apague y se olvide. ¡Qué diantre! Usted es mozo y sujeto de circunstancias, con que es menester que... Vaya, vamos, ¿para qué es el talento?... Conque... ¡Eh! Adiós. (Se aparta de ellos encaminándose a su casa. DON ENRIQUE y COSME se van, y entran en la suya.)

DON ENRIQUE.- ¡Qué necio es!

Escena VIII

DON GREGORIO llama a su puerta y sale
DOÑA ROSA.

DON GREGORIO.- Es increíble la turbación
que ha manifestado el hombre, al ver su billete
devuelto, y cerrado como él le envió... Asunto
concluido. Pierde toda esperanza, y sólo me ha
rogado con el mayor encarecimiento que te

diga que su amor es honestísimo, que no pensó que te ofendieras de verte amada, que su elección es libre, que aspiraba a poseerte por medio del matrimonio, pero que sabiendo ya el amor que me tienes, sería un temerario en seguir adelante... ¿Qué sé yo cuánto me dijo?... Que nunca te olvidará, que su destino le obliga a morir amándote... Vamos, hipérboles de un hombre apasionado... Pero, que reconoce mi mérito y cede, y no volverá a darnos la menor molestia... No, es cierto que él me ha hablado con mucha cortesía y mucho juicio; eso sí... Compasión me daba el oírle... Conque, y tú, ¿qué dices a esto?

DOÑA ROSA.- Que no puedo sufrir que usted hable de esa manera de un hombre a quien aborrezco de todo corazón; y que si usted me quisiera tanto como dice, participaría del enojo que me causan sus procederes atrevidos.

DON GREGORIO.- Pero él, Rosita, no sabía que tú estuvieras tan apasionada de mí; y considerando las honestas intenciones de su amor, no merece que se le...

DOÑA ROSA.- Y le parece a usted honesta intención la de querer robar a las doncellas? ¿Es hombre de honor el que concibe tal proyecto y aspira a casarse conmigo por fuerza, sacándome de su casa de usted, como si fuera posible que yo sobreviviese a un atentado semejante?

DON GREGORIO.- ¡Oiga! Conque...

DOÑA ROSA.- Sí señor, ese pícaro trata de obtenerme por medio de un rapto... Yo no sé quién le da noticia de los secretos de esta casa, ni quién le ha dicho que usted pensaba casarse conmigo dentro de seis u ocho días a más tardar, lo cierto es que él quiere anticiparse, aprovechar una ocasión en que sepa que me he quedado sola y robarme... ¡Tiemblo de horror!

DON GREGORIO.- Vamos que todo eso no es más que hablar y...

DOÑA ROSA.- Sí, como hay tanto que fiar de su honradez y su moderación... ¡Válgame Dios! ¿Y usted le disculpa?

DON GREGORIO.- No por cierto, si él ha dicho eso, realmente procede mal, y el chasco sería muy pesado... Pero, ¿quién te ha venido a contar a ti esas...?

DOÑA ROSA.- Ahora mismo acabo de saberlo.

DON GREGORIO.- ¿Ahora?

DOÑA ROSA.- Sí señor, después que usted le volvió la carta.

DON GREGORIO.- Pero, chica, si no hice más que llegarme ahí a casa de Don Froilán el boticario, hablé dos palabras con el mancebo, me volví al instante y...

DOÑA ROSA.- Pues en ese tiempo ha sido. Luego que cerré, me puse a dar unas sopas a los gatitos, oigo llamar, y creyendo que fuese usted, bajé tan alegre... Mi fortuna estuvo en que no abrí. Pregunto quién es, y por la cerradura oigo una voz desconocida que me dijo: Señorita, mi amo sabe que vive usted cautiva en poder de ese bruto, que se quiere casar con usted en esta semana próxima. No tiene usted que desconsolarse, Don Enrique la adora a usted, y es imposible que usted desprecie un amor tan fino como el suyo. Viva usted prevenida, que de un instante a otro, cuando su tutor la deje sola, vendrá a sacarla de esta cárcel, la depositará a usted en una casa de satisfacción y... Yo no quise oír más, me subí muy queditito por la escalera arriba, me metí en mi cuarto... Yo pensé que me daba algún accidente.

DON GREGORIO.- Ése era el bribón del lacayo.

DOÑA ROSA.- A la cuenta.

DON GREGORIO.- Pero se ve que este hombre es loco.

DOÑA ROSA.- No tanto como a usted le parece. Mire usted si sabe disimular el traidor, y fingir delante de usted para engañarle con buenas palabras; mientras en su interior está meditando picardías... Harto desdichada soy por cierto, si a pesar del conato que pongo en conservar mi decoro y honestidad, he de verme expuesta a las tropelías de un hombre capaz de atreverse a las acciones más infames.

DON GREGORIO.- Vaya, vamos; no temas nada, que...

DOÑA ROSA.- No, esto pide una buena resolución. Es menester que usted le hable con mucha firmeza, que le confunda, que le haga temblar. No hay otro medio de librarme de él, ni de obligarle a que desista de una persecución tan obstinada.

DON GREGORIO.- Bien, pero no te desconsueles así, mujercita mía, no, que yo le buscaré, y le diré cuatro cosas bien dichas.

DOÑA ROSA.- Dígale usted si se empeña en negarlo, que yo he sido la que le he dado a usted esta noticia. Que son vanos sus propósitos. Que por más que lo intente, no me sorprenderá; y en fin, que no pierda el tiempo en suspiros inútiles, puesto que por su conducto de usted le hago saber mi determinación y que si no quiere ser causa de alguna desgracia irremediable, no espere a que se le diga una cosa dos veces.

DON GREGORIO.- ¡Oh! Sí..., yo le diré cuanto sea necesario.

DOÑA ROSA.- Pero de manera que comprenda bien, que soy yo la que se lo dice.

DON GREGORIO.- No, no le quedará duda, yo te lo aseguro.

DOÑA ROSA.- Pues bien. Mire usted que le aguardo con impaciencia, despáchese usted a venir. Cuando no le veo a usted, aunque sea por muy poco tiempo, me pongo triste.

DON GREGORIO.- Sí, éntrate, que al instante vuelvo, palomita, vida mía, ojillos negros... ¡Ay! ¡Qué ojos!... ¡Eh! Adiós... (DOÑA ROSA se entra en su casa y cierra.) ¡En el mundo no hay hombre más venturoso que yo! No puede haberle... (Da una vuelta por la escena lleno de inquietud y alegría, después llama a la puerta de DON ENRIQUE.) Digo, señor caballero galanteador, ¿podrá usted oírme dos palabras?

Escena IX

DON ENRIQUE, COSME, DON GREGORIO.

DON ENRIQUE.- ¡Oh! Señor vecino, ¿qué novedad le trae a usted a mis puertas?

DON GREGORIO.- Sus extravagancias de usted.

DON ENRIQUE.- ¿Cómo, así?

DON GREGORIO.- Bien sabe usted lo que quiero decirle, no se me haga el desentendido, como lo tiene de costumbre... Yo pensé que usted fuese persona de más formalidad, y en este concepto le he tratado, ya lo ha visto usted, con la mayor atención y blandura; pero hombre, ¿cómo ha de sufrir uno lo que usted hace, sin saltar de cólera? ¿No tiene usted vergüenza, siendo un sujeto decente y de obligaciones, de ocuparse en fabricar enredos; de querer sacar de su casa con engaño y violencia a una mujer honrada, de querer impedir un matrimonio en que ella cifra todas sus dichas? ¡Eh! Que eso es indigno.

DON ENRIQUE.- Y, ¿quién le ha dado a usted noticias tan ajenas de verdad, señor Don Gregorio?

DON GREGORIO.- Volvemos otra vez a la misma canción. Rosita me las ha dado. Ella me envía por última vez a decirle a usted que su elección es irrevocable, que sus planes de usted la ofenden, la horrorizan, que si no quiere usted dar ocasión a alguna desgracia, reconozca su desatino, y salgamos de tanto embrollo. (Empieza a oscurecerse lentamente el teatro y al acabarse el acto queda a media luz.)

DON ENRIQUE.- Cierto que si ella misma hubiese dicho esas expresiones, no sería cordura insistir en un obsequio tan mal pagado; pero...

DON GREGORIO.- ¿Conque usted duda que sea verdad?

DON ENRIQUE.- ¿Qué quiere usted, señor Don Gregorio? Es tan duro esto de persuadirse uno a que...

DON GREGORIO.- Venga usted conmigo. (Hasta el fin de la escena va y viene DON

GREGORIO unas veces hacia su puerta, y otras a donde está DON ENRIQUE para que le siga.)

DON ENRIQUE.- Porque, al fin, como usted tiene tanto interés en que yo me desespere y...

DON GREGORIO.- Venga usted, venga usted... Rosa.

DON ENRIQUE.- No es decir esto que usted...

DON GREGORIO.- Nada. No hay que disputar. Si quiero que usted se desengañe... Rosita. Niña.

DON ENRIQUE.- ¡Pensar que una dama ha de responder con tal aspereza a quien no ha cometido otro delito que adorarla!

DON GREGORIO.- Usted lo verá. Ya sale.

Escena X

DOÑA ROSA, DON ENRIQUE, DON GREGORIO, COSME.

DOÑA ROSA.- ¿Qué es esto?... (Sorprendida al ver a DON ENRIQUE.) ¿Viene usted a interceder por él? ¿A recomendármele, para que sufra sus visitas, para que corresponda agradecida a su insolente amor?

DON GREGORIO.- No, hija mía. Te quiero yo mucho para hacer tales recomendaciones; pero este santo varón toma a juguete cuanto yo le digo, y piensa que le engaño, cuando le aseguro que tú no le puedes ver, y que a mí me quieres, que me adoras. No hay forma de persuadirle. Conque te le traigo aquí, para que tú misma se lo digas; ya que es tan presumido o tan cabezudo, que no quiere entenderlo.

DOÑA ROSA.- Pues, ¿no le he manifestado a usted ya cual es mi deseo, que todavía se atreve a dudar? ¿De qué manera debo decírselo?

DON ENRIQUE.- Bastante ha sido para sorprenderme, señorita, cuanto el vecino me ha dicho de parte de usted, y no puedo negar la dificultad que he tenido en creerlo. Un fallo tan inesperado, que decide la suerte de mi amor, es para mí de tal consecuencia, que no debe maravillar a nadie el deseo que tengo de que usted le pronuncie delante de mí.

DOÑA ROSA.- Cuanto el señor le ha dicho a usted ha sido por instancias mías, y no ha hecho en esto otra cosa que manifestarle a usted los íntimos afectos de mi corazón.

DON GREGORIO.- ¿Lo ve usted?

DOÑA ROSA.- Mi elección es tan honrada, tan justa, que no hallo motivo alguno que pueda obligarme a disimularla. De dos personas que miro presentes, la una es el objeto de todo mi cariño; la otra me inspira una repugnancia que no puedo vencer. Pero...

DON GREGORIO.- ¿Lo ve usted?

DOÑA ROSA.- Pero es tiempo ya de que se acaben las inquietudes que padezco. Es tiempo ya de que unida en matrimonio con el que es el único dueño de la vida mía, pierda el que aborrezco sus mal fundadas esperanzas; y sin dar lugar a nuevas dilaciones, me vea yo libre de un suplicio, más insoportable que la misma muerte.

DON GREGORIO.- ¿Lo ve usted?... Sí, monita, sí, yo cuidaré de cumplir tus deseos.

DOÑA ROSA.- No hay otro medio de que yo viva contenta. (Manifiesta en la expresión de sus palabras que las dirige a DON ENRIQUE, y en sus acciones que habla con DON GREGORIO.)

DON GREGORIO.- Dentro de muy poco lo estarás.

DOÑA ROSA.- Bien advierto que no pertenece a mi estado el hablar con tanta libertad...

DON GREGORIO.- No hay mal en eso.

DOÑA ROSA.- Pero, en mi situación, bien puede disimularse que use de alguna franqueza, con el que ya considero como esposo mío.

DON GREGORIO.- Sí, pobrecita mía... Sí, morenilla de mi alma.

DOÑA ROSA.- Y que le pida encarecidamente, si no desprecia un amor tan fino, que acelere las diligencias de nuestra unión.

DON GREGORIO.- Ven aquí, perlita, (Abraza a DOÑA ROSA, ella extiende la mano izquierda, y DON ENRIQUE que está detrás de DON GREGORIO, se la besa afectuosamente, y se retira al instante.) consuelo mío, ven aquí, que yo te prometo no dilatar tu dicha... Vamos, no te me angusties, calla que... Amigo, (Volviéndose muy satisfecho a hablar con DON ENRIQUE.) ya lo ve usted. Me quiere, ¿qué le hemos de hacer?

DON ENRIQUE.- Bien está, señora, usted se ha explicado bastante, y yo la juro por quien soy, que dentro de poco se verá libre de un hombre, que no ha tenido la fortuna de agradarla.

DOÑA ROSA.- No puede usted hacerme favor más grande, porque su vista es intolerable para mí. Tal es el horror, el tedio que me causa, que...

DON GREGORIO.- Vaya, vamos, que eso es ya demasiado.

DOÑA ROSA.- ¿Le ofendo a usted en decir esto?

DON GREGORIO.- No, por cierto... ¡Válgame Dios! No es eso, sino que también da lástima verle sopetear de esa manera... Una aversión tan excesiva...

DOÑA ROSA.- Por mucha que le manifieste, mayor se la tengo.

DON ENRIQUE.- Usted quedará servida, señora Doña Rosa. Dentro de dos o tres días, a más tardar, desaparecerá de sus ojos de usted una persona que tanto la ofende.

DOÑA ROSA.- Vaya usted con Dios, y cumpla su palabra.

DON GREGORIO.- Señor vecino, yo lo siento de veras, y no quisiera haberle dado a usted este mal rato, pero...

DON ENRIQUE.- No, no crea usted que yo lleve el menor resentimiento; al contrario, conozco que la señorita procede con mucha prudencia, atendido el mérito de entrambos. A mí me toca sólo callar, y cumplir cuanto antes me sea posible lo que acabo de prometerla. Señor

Don Gregorio, me repito a la disposición de usted.

DON GREGORIO.- Vaya usted con Dios.

DON ENRIQUE.- Vamos pronto de aquí, Cosme, que reviento de risa. (Retirándose hacia su casa, entran en ella los dos, y se cierra la puerta.)

Escena XI

DON GREGORIO, DOÑA ROSA.

DON GREGORIO.- De veras te digo que este hombre me da compasión.

DOÑA ROSA.- Ande usted que no merece tanta como usted piensa.

DON GREGORIO.- Por lo demás, hija mía, es mucho lo que me lisonjea tu amor, y quiero darle toda la recompensa que merece... Seis u ocho días son demasiado término para tu impaciencia... Mañana mismo quedaremos casados y...

DOÑA ROSA.- ¿Mañana? (Turbada.)

DON GREGORIO.- Sin falta ninguna... Ya veo a lo que te obliga el pudor, pobrecilla. Y haces como que repugnas lo que estás deseando. ¿Te parece que no lo conozco?

DOÑA ROSA.- Pero...

DON GREGORIO.- Sí, amiguita, mañana serás mi mujer. Ahora mismo voy, antes que oscurezca, aquí a casa de Don Simplicio el escribano, para que esté avisado y no haya dilación. A Dios, hechicera. (DON GREGORIO se va por una calle. DOÑA ROSA entra en su casa y cierra.)

DOÑA ROSA.- ¡Infeliz de mí! ¿Qué haré para evitar este golpe?

Acto III

Escena I

La escena es de noche. DOÑA ROSA sale de su casa, manifestando el estado de incertidumbre y agitación que denota el diálogo. DOÑA ROSA, DON GREGORIO.

DOÑA ROSA.- -No hay otro medio... Si me detengo un instante, vuelve, pierdo la ocasión de mi libertad, y mañana... No... Primero morir.

Declarándoselo todo a mi hermana y a Don Manuel; pidiéndoles amparo, consejo... Es imposible que me abandonen. Desde su casa avisaré a mi amante; y él dispondrá cuanto fuere menester, sin que mi decoro padezca... (DON GREGORIO sale por una calle a tiempo que DOÑA ROSA se encamina a casa de su hermana; se detiene, y al conocerle duda lo que ha de hacer.) Vamos; pero... Gente viene... Y es él... ¡Desdichada! ¡Todo se ha perdido!

DON GREGORIO.- ¿Quién está ahí? ¿Eh? ¡Calle! ¡Rosita! ¿Pues cómo? ¿Qué novedad es ésta?

DOÑA ROSA.- ¿Qué le diré?

DON GREGORIO.- ¿Qué haces aquí, niña?

DOÑA ROSA.- Usted lo extrañará. (Indica en la expresión de sus palabras que va previniendo la ficción con que trata de disculparse.)

DON GREGORIO.- ¿Pues, no he de extrañarlo? ¿Qué ha sucedido? Habla.

DOÑA ROSA.- Estoy tan confusa y...

DON GREGORIO.- Vamos, no me tengas en esta inquietud. ¿Qué ha sido?

DOÑA ROSA.- Se enfadará usted si le digo...

DON GREGORIO.- No me enfadaré. Dilo presto... Vamos.

DOÑA ROSA.- Sí, precisamente se va usted a enojar; pero... Pues, tenemos una huéspeda.

DON GREGORIO.- ¿Quién?

DOÑA ROSA.- Mi hermana.

DON GREGORIO.- ¿Cómo?

DOÑA ROSA.- Sí señor, en mi cuarto la dejo encerrada con llave, para que no nos dé una pesadumbre. Yo iba a llamar a Doña Ceferina, la viuda del pintor, a fin de suplicarla que me hiciera el gusto de venirse a dormir esta noche a casa; porque al cabo, estando ella conmigo... Como es una mujer de tanto juicio, y...

DON GREGORIO.- ¿Pero, qué enredo es éste, Señor? Que hasta ahora, lléveme el diablo, si yo he podido entender cosa ninguna... ¿A qué ha venido tu hermana?

DOÑA ROSA.- Ha venido... Mire usted, le voy a revelar un secreto, que le va a dejar aturdido... Pero, no se ha de enfadar usted, ¿no?

DON GREGORIO.- ¡Dale!... ¿Lo quieres decir o tratas de que me desespere? ¿A qué ha venido tu hermana?

DOÑA ROSA.- Yo se lo diré a usted... Mi hermana está enamorada de Don Enrique.

DON GREGORIO.- ¿Ahora tenemos eso?

DOÑA ROSA.- Sí señor. Hace más de un año que se quieren, y casi el mismo tiempo que se han dado palabra de matrimonio. Por esto fue la mudanza desde la calle de Silva a la plazuela de Afligidos, pretextando Leonor que quería vivir cerca de mi casa; no siendo otro el motivo, que el de parecerla muy acomodado este barrio desierto, adonde también se mudó inmediatamente Don Enrique, para tener más ocasión de verle y hablarle; aprovechándose de la libertad que siempre la ha dado el bueno de Don Manuel.

DON GREGORIO.- ¿Pero, este Don Enrique o Don Demonio, a cuántas quiere? ¡Si yo estoy lelo!

DOÑA ROSA.- Yo le diré a usted. Continuaron estos amores hasta que Don Enrique, celoso de un Don Antonio de Escobar, oficial de la secretaría de guerra, con quien la vio una tarde en el jardín botánico, la envió un papel de despedida, lleno de expresiones amargas, y desde entonces no ha querido volverla a ver. Pareciole conveniente, además, pagar con celos que él la diese, los que le había causado el tal Don Antonio, y desde entonces dio en seguirme a donde quiera que fuese, y hacerme cortesías, y rondar la casa; todo sin duda para que mi hermana lo supiera y rabiase de envidia. Yo, que ignoraba esto, bien advertí las insinuaciones de Don Enrique; pero me propuse callar, y despreciarle, hasta que informada esta tarde de todo por lo que me dijo Leonor (la cual vino a hablarme, muy sentida, creyendo que yo fuese capaz de corresponder a ese trasto) resolví decirle a usted lo que a mí me pasaba; omitiendo todo lo demás, para que la estimación de mi hermana no padeciese... ¿Qué hubiera usted hecho en este apuro? ¿No hubiera usted hecho lo mismo?

DON GREGORIO.- Conque... Adelante.

DOÑA ROSA.- Pues como yo la dijese a Leonor que inmediatamente haría saber al dichoso Don Enrique, por medio de usted, cuánto me desagradaba su mal término, se desconsoló, lloró, me suplicó que no lo hiciese; pero yo la aseguré que no desistiría de mi propósito. Pensó llevarme a casa de Doña Beatriz para estorbármelo, usted no quiso que fuera con ella; y no parece sino que algún ángel le inspiró a usted aquella repugnancia. Lo que ha pasado esta tarde con el tal caballero bien lo sabe usted; pero falta decirle, que así que usted me dejó para ir a verse con el escribano, llegó mi hermana, la conté cuanto había ocurrido y... ¡Vaya! No es posible ponderarle a usted la aflicción que manifestó. Llamó a su criada, la habló en secreto, y quedándose conmigo sola me dijo, en un tono de desesperación que me hizo temblar; que la chica había ido a su casa a decir que esta noche no iría, porque Doña Beatriz se había puesto mala, y la había robado que se quedase con ella. Y que también iba encargada de avisar a Don Enrique en nombre mío, de que a las doce en punto le esperaba yo en el balcón de mi cuarto que da al jardín. Con este engaño se propone hablarle, y dar a sus celos cuantas satisfacciones quiera pedirla.

DON GREGORIO.- ¡Picarona!, ¡enredadora!, ¡desenvuelta!... Y bien, ¿tú qué la has dicho?

DOÑA ROSA.- Amenazarla de que usted y Don Manuel sabrán todo lo que pasa; y que yo seré quien se lo diga, para que pongan remedio en ello. Afearla su deshonesto proceder, instarla a que se fuera de mi casa inmediatamente.

DON GREGORIO.- ¿Y ella?

DOÑA ROSA.- Ella me respondió, que si no la sacan arrastrando de los cabellos, no se irá. Que en hablando con Don Enrique y desvaneciendo sus quejas, ni a usted, ni a Don Manuel, ni a todo el mundo teme.

DON GREGORIO.- Mi hermano merece esto y mucho más... Pero, ¿cómo he de sufrir yo en mi casa tales picardías? No señor. Yo la daré a entender a esa desvergonzada, que si ha contado contigo para seguir adelante en su desacuerdo, se ha equivocado mucho; y que yo no soy hombre de los que se dejan llevar al pilón, como el otro bárbaro. Yo la diré lo que... Vamos. (Quiere entrar en su casco y DOÑA ROSA le detiene.)

DOÑA ROSA.- No señor, por Dios, no entre usted. Al fin es mi hermana. Yo entraré sola, y la diré que es preciso que se vaya al instante, o a su casa, o a lo menos a la de Doña Beatriz, si teme que Don Manuel extrañe ahora su vuelta. (Hace que se va hacia su casa y vuelve.)

DON GREGORIO.- Muy bien, aquí espero a que salga.

DOÑA ROSA.- Pero no se descubra usted, no la hable, no se acerque, no la siga... Si le viese a usted sería tanta su confusión y sobresalto, que pudiera darla un accidente... Si ella quiere enmendar este desacierto aún hay remedio; y mucho más, si ese hombre se va como ha prometido... En fin, yo la haré salir de casa, que es lo que importa; pero por Dios, retírese usted y no trate de molestarla.

DON GREGORIO.- ¡Marta la piadosa!... ¡Cierto que merece ella toda esa caridad!

DOÑA ROSA.- Es mi hermana.

DON GREGORIO.- ¡Y qué poco se parece a ti la dichosa hermana!... Vamos, entra y veremos si logras lo que te propones.

DOÑA ROSA.- Yo creo que sí.

DON GREGORIO.- Mira que si se obstina en que ha de quedarse, subo allá arriba y la saco a patadas.

DOÑA ROSA.- No será menester. Voy allá... (Hace que se va y vuelve.) Pero repito que no se descubra usted, ni la hostigue, ni...

DON GREGORIO.- Bien, sí, la dejaré que se vaya adonde quiera.

DOÑA ROSA.- ¡Ah!, mire usted. (Se encamina hacia su casa y vuelve.) Así que ella salga, éntrese usted y cierre bien su puerta... Yo estoy tan desazonada que me voy al instante a acostar.

DON GREGORIO.- Pero, ¿qué sientes?

DOÑA ROSA.- ¿Qué sé yo? ¿Le parece a usted que estaré poco disgustada con todo lo que ha sucedido...? Nada me duele; pero deseo descansar y dormir... Conque... Buenas noches.

DON GREGORIO.- Adiós, Rosita... Pero, mira que si no sale...

DOÑA ROSA.- Yo le aseguro a usted que saldrá. (Éntrase, dejando entornada la puerta. DON GREGORIO se pasea por el teatro mirando con frecuencia hacia su casa, impaciente del éxito.)

DON GREGORIO.- Y, a todo esto, ¿en que se ocupará ahora mi erudito hermano? Estará poniendo escolios a algún tratado de educación... ¡La niña y su alma!... Bien, que, ¿cómo había de resultar otra cosa de la independencia y la holgura en que siempre ha vivido?... ¡Mujeres! ¡Qué mal os conoce el que no os encierra y os sujeta y os enfrena y os cela y os guarda!... Pero, no señor... Mañana a las diez desposorio, a las once comer, a las doce coche de colleras y a las cinco en Griñon... ¿Cómo he de sufrir yo que la bribona de la Leonorcica se nos venga cada lunes y cada martes con estos embudos? No por cierto... Allá mi hermano verá lo que... ¡Oiga! Parece que baja ya la niña bien criada. (Se acerca más a un lado de la puerta de su casa, colocándose hacia el proscenio y escucha atentamente lo que dice desde adentro DOÑA ROSA, la cual finge que habla con su hermana.)

DOÑA ROSA.- No te canses en quererme persuadir. Vete... Antes que todo es mi estimación... Vete, Leonor, ya te lo he dicho... ¿Y qué importa que me oigan? ¿Soy yo la culpada...? Vete. Acabemos, sal presto de aquí.

DON GREGORIO.- En efecto la echa de casa... (Sale DOÑA ROSA de su cuarto con basquiña y mantilla semejantes a las que sacó DOÑA LEONOR en el primer acto. Luego que se aparta un poco, cierra DON GREGORIO su puerta y guarda la llave.) ¿Y adónde irá la doncellita menesterosa?... Ganas me dan de... Pero, no, cerremos primero.

Escena II

DON ENRIQUE, COSME, DOÑA ROSA, DON GREGORIO. Salen de su casa DON ENRIQUE y COSME.

DON ENRIQUE.- ¿Dijiste al ama que no me espere?

COSME.- Sí señor.

DON ENRIQUE.- Pues cierra y vamos, que aunque sepa atropellar por todo, he de hablarla esta noche. (Cierra COSME la puerta, con llave.)

COSME.- ¡Noche toledana!

DON ENRIQUE.- Y a pesar de quien procura estorbarlo, ella y yo seremos felices. (DOÑA ROSA después de haberse alejado un poco hacia el fondo del teatro, vuelve encaminándose a casa de DON MANUEL. DON GREGORIO se adelanta igualmente y la observa. Ella se detiene.)

DOÑA ROSA.- Él se acerca a la puerta de Don Manuel. ¿Qué haré?... Ya no es posible... (Se retira llena de confusión hacia el fondo del teatro. DON ENRIQUE se adelanta, la reconoce y la detiene.) ¡Infeliz de mí!

DON ENRIQUE.- ¿Quién es?

DOÑA ROSA.- Yo.

DON ENRIQUE.- ¿Doña Rosita?

DOÑA ROSA.- Yo soy.

DON ENRIQUE.- A mi casa.

DOÑA ROSA.- Pero, ¿qué seguridad tendré en ella?

DON ENRIQUE.- La que debe usted esperar de un hombre de honor.

DOÑA ROSA.- Yo iba a la de mi hermana; pero él me observa, no puedo llegar sin que me reconozca y...

DON ENRIQUE.- Está usted conmigo... Pasará usted la noche en compañía de mi ama, mujer anciana y virtuosa... Mañana daré parte a un juez, y a él, a Don Manuel, a su tutor de usted y a todo el mundo, les diré que es usted mi esposa, y que estoy pronto, si es necesario, a exponer la vida para defenderla... Abre Cosme. Venga usted. (COSME abre la puerta de la casa de DON ENRIQUE.)

DOÑA ROSA.- Allí está.

DON ENRIQUE.- Bien, que esté donde quiera. Poco importa.

DOÑA ROSA.- Allí, allí.

DON ENRIQUE.- Sí, ya le distingo... No hay que temer, quieto se está... ¡Y qué bien hace en estarse quieto!... Adentro. (Asiéndola de la mano se entra con ella en su casa y COSME detrás.)

DON GREGORIO.- Pues señor, se marchó a casa del galán. No puede llegar a más el abandono y la... Pero, ¡qué regocijo siento al ver tan solemnemente burlado a este hermano que Dios me dio; necio por naturaleza y gracia, y presumido de que todo se lo sabe!... Vamos a darle la infausta noticia... (Se encamina a casa de DON MANUEL, después se detiene.) No, el asunto es serio, y si el tiempo se pierde, si yo no pongo la mano en esto, puede suceder un trabajo... Al fin es hija de un amigo mío... Sí, mejor es... Allí pienso que ha de vivir el comisario... (Va a casa del comisario y llama.)

Escena III

UN COMISARIO, UN ESCRIBANO, UN CRIADO, salen los tres por una de las calles. El criado con linterna. La escena se ilumina un poco. DON GREGORIO.

COMISARIO.- ¿Quién anda ahí?

DON GREGORIO.- ¡Ah! ¿No es usted el señor comisario del cuartel?

COMISARIO.- Servidor de usted.

DON GREGORIO.- Pues señor... Oiga usted aparte... (Se aparta con el COMISARIO, a poca distancia de los demás.) Su presencia de usted es absolutamente necesaria para evitar un escándalo que va a suceder... ¿Conoce usted a una señorita que se llama Doña Leonor, que vive en aquella casa de enfrente?

COMISARIO.- Sí, de vista la conozco y al caballero que la tiene consigo... Y me parece que ha de ser, un Don Manuel de Velasco.

DON GREGORIO.- Hermano mío.

COMISARIO.- ¡Oiga! ¿Es usted su hermano?

DON GREGORIO.- Para servir a usted.

COMISARIO.- Para hacerme favor.

DON GREGORIO.- Pues el caso es que esta niña, hija de padres muy honrados y virtuosos, perdida de amores por un mancebito andaluz que vive aquí, en este cuarto principal...

COMISARIO.- ¡Calle! Don Enrique de Cárdenas, le conozco mucho.

DON GREGORIO.- Pues bien. Ha cometido el desacierto de abandonar su casa, venirse a la de su amante... Vamos, ya usted conoce lo que puede resultar de aquí.

COMISARIO.- Sí... En efecto.

DON GREGORIO.- Ello hay de por medio no sé qué papel de matrimonio; pero no ignora usted de lo que sirven esos papeles, cuando cesa el motivo que los dictó... ¡Eh! ¿Me explico?

COMISARIO.- Perfectamente... ¿Y ella está adentro?

DON GREGORIO.- Ahora mismo acaba de entrar... Conque, señor comisario, se trata de salvar el decoro de una doncella, de impedir que el tal caballero... Ya ve usted.

COMISARIO.- Sí, sí, es cosa urgente. Vamos... Por fortuna tenemos aquí al señor, que en esta ocasión nos puede ser muy útil... (Alza un poco la voz volviéndose hacia el ESCRIBANO que está detrás, el cual se acerca a ellos muy oficioso.) Es escribano...

ESCRIBANO.- Escribano real.

DON GREGORIO.- Ya.

ESCRIBANO.- Y antiguo.

DON GREGORIO.- Mejor.

ESCRIBANO.- Mucha práctica de tribunales.

DON GREGORIO.- Bueno.

ESCRIBANO.- Cocido en testamentarias, subastas, inventarios, despojos, secuestros y...

DON GREGORIO.- No, ahí no hallará usted cosa en que poder...

ESCRIBANO.- Y muy hombre de bien.

DON GREGORIO.- Por supuesto.

ESCRIBANO.- Es que...

COMISARIO.- Vamos, Don Lázaro, que esto pide mucha diligencia.

DON GREGORIO.- Yo aquí espero.

COMISARIO.- Muy bien. (Llama el criado a la puerta de DON ENRIQUE, se abre, y entran los tres. La escena vuelve a quedar oscura.)

Escena IV

DON GREGORIO, DON MANUEL.

DON GREGORIO.- Veamos si está en casa este inalterable filósofo, y le contaremos la amarga historia... (Llama en casa de DON MANUEL, abren la puerta, se supone que habla con algún criado, queda la puerta entornada, y DON GREGORIO se pasea esperando a su hermano.) ¿Está? Que baje inmediatamente, que le espero aquí para un asunto de mucha importancia... ¡Bendito Dios! ¡En lo que han parado tantas máximas sublimes, tantas eruditas disertaciones! ¡Qué lástima de tutor! Vaya si... Majadero más completo y más pagado de su dictamen... ¡Oh, señor hermano! (DON MANUEL sale de la puerta de su casa y se detiene inmediato a ella.)

DON MANUEL.- Pero, ¿qué extravagancia es ésta? ¿Por qué no subes?

DON GREGORIO.- Porque tengo que hablarte, y no me puedo separar de aquí.

DON MANUEL.- Enhorabuena... (Adelantándose hacia donde está DON GREGORIO.) ¿Y qué se te ofrece?

DON GREGORIO.- Vengo a darte muy buenas noticias.

DON MANUEL.- ¿De qué?

DON GREGORIO.- Sí, te vas a regocijar mucho con ellas... Dime, ¿mi señora Doña Leonor, en dónde está?

DON MANUEL.- ¿Pues no lo sabes? En casa de su amiga Doña Beatriz. Allí quedó esta tarde, yo me vine, porque tenía una porción de cartas que escribir, y supongo que ya no puede tardar. De un instante a otro... Pero, ¿a qué viene esa pregunta?

DON GREGORIO.- ¡Eh! Así, por hablar algo...

DON MANUEL.- ¿Pero qué quieres decirme?

DON GREGORIO.- Nada... Que tú la has educado filosóficamente persuadido (y con mucha razón) de que las mujeres necesitan un poco de libertad, que no es conveniente reprenderlas, ni oprimirlas, que no son los candados ni los cerrojos los que aseguran su virtud; sino la indulgencia, la blandura y... En fin, prestarse a todo lo que ellas quieren... ¡Ya se ve! Leonor, enseñada por esta cartilla, ha sabido corresponder como era de esperar a las lecciones de su maestro.

DON MANUEL.- Te aseguro que no comprendo a qué propósito puede venir nada de cuanto dices.

DON GREGORIO.- Anda, necio, que bien merecido te está lo que te sucede, y es muy justo que recibas el premio de tu ridícula presunción... Llegó el caso de que se vea prácticamente lo que ha producido en las dos hermanas, la educación que las hemos dado. La una huye de los amantes; y la otra, como una mujer perdida y sin vergüenza, los acaricia y los persigue.

DON MANUEL.- Si no me declaras el misterio, dígote que...

DON GREGORIO.- El misterio es que tu pupila no está donde piensas, sino en casa de un caballerito, del cual se ha enamorado rematadamente; y sola y de noche, y burlándose de ti, ha ido a buscar mejor compañía... ¿Lo entiendes ahora?

DON MANUEL.- ¿Dices que Leonor...?

DON GREGORIO.- Sí señor, la misma...

DON MANUEL.- Vaya, déjate de chanzas, y no me...

DON GREGORIO.- ¡Sí, que el niño es chancero!... ¡Se dará tal estupidez! Dígole a usted, señor hermano, y vuelvo a repetírselo, que la Leonorcita se ha ido esta noche a casa de su galán, y está con él, y lo he visto yo, y se quieren mucho, y hace más de un año que se tienen dada palabra de matrimonio, a pesar de todas tus filosofías... ¿Lo entiendes?

DON MANUEL.- Pero, es una cosa tan ajena de verosimilitud...

DON GREGORIO.- ¡Dale!... Vamos, aunque lo vea por sus ojos, no se lo harán creer... ¡Cómo me repudre la sangre!.. Amigo, dígote que los años sirven de muy poco, cuando no hay esto, esto. (Señalándose con el dedo en la frente.)

DON MANUEL.- Ello es que tú te persuades a que...

DON GREGORIO.- Figúrate si me habré persuadido... Pero, mira, no gastemos prosa... Ven y lo verás, y en viéndolo, espero y confío que te persuadirás también. Vamos. (Se encamina a casa, de DON ENRIQUE, y después vuelve.)

DON MANUEL.- ¡Haber cometido tal exceso cuando siempre la he tratado con la mayor benignidad; cuando la he prometido mil veces no violentar, no contradecir sus inclinaciones!

DON GREGORIO.- Ya temía yo que no había de ser creído, y que perderíamos el tiempo en altercaciones inútiles. Por eso, y porque me pareció conveniente restaurar el honor de esa mujer; siquiera por lo que me interesa su pobrecita hermana, he dispuesto que el comisario del cuartel vaya allá, y vea de arreglarlo, de manera que evitando escándalos, se concluya, si se puede, con un matrimonio.

DON MANUEL.- ¿Eso hay?

DON GREGORIO.- ¡Toma! Ya están allá el Comisario y un Escribano que venía con él... Digo, a no ser que usted halle en sus libros algún texto oportuno, para volver a recibir en su casa a la inocente criatura, disimularla este pequeño desliz, y casarse con ella... ¿Eh?

DON MANUEL.- ¿Yo? No lo creas. No cabe en mí tanta debilidad, ni soy capaz de aspirar a poseer un corazón que ya tiene otro dueño... Pero, a pesar de cuanto dices, todavía no me puedo reducir a...

DON GREGORIO.- ¡Qué terco es!... Ven conmigo y acabemos esta disputa impertinente. (Se encamina con su hermano hacia casa de DON ENRIQUE, y al llegar cerca salen de ella el comisario y el criado. El teatro se ilumina como en la Escena III.)

Escena V

EL COMISARIO, UN CRIADO, DON GREGORIO, DON MANUEL.

COMISARIO.- Aquí, señores, no hay necesidad de ninguna violencia... Los dos se quieren, son libres, de igual calidad... No hay otra cosa que hacer, sino depositar inmediatamente a la señorita en una casa honesta y desposarlos mañana... Las leyes protegen este matrimonio y le autorizan.

DON GREGORIO.- ¿Qué te parece?

DON MANUEL.- ¿Qué me ha de parecer?... Que se casen. (Reprimiéndose.)

DON GREGORIO.- Pues, señor. Que se casen.

COMISARIO.- Diré a usted, señor Don Manuel. Yo he propuesto a la novia que tuviese a bien de honrar mi casa, en donde asistida de mi mujer y de mis hijas, estaría, si no con las comodidades que merece, a lo menos, con la que pueden proporcionarla mis cortas facultades; pero no ha querido admitir este obsequio, y dice que si usted permite que vaya a la suya, la prefiere a otra cualquiera. Es cierto que esta elección es la mejor, pero he querido avisarle a usted para saber si gusta de ello o tiene alguna dificultad.

DON MANUEL.- Ninguna... Que venga. Yo me encargo del depósito.

COMISARIO.- Volveré con ella muy pronto. (Se entra con el criado en casa de DON ENRIQUE. El teatro queda oscuro otra vez.)

DON GREGORIO.- No me queda otra cosa que ver... Pero, ¿cuál es más admirable? ¿El descaro de la pindonga, o la frescura de este insensato que se presta a tenerla en su casa después de lo que ha hecho que la toma en depósito de manos de su amante, para entregársela después tal y tan buena...? ¡Ay! Si no es posible hallar cabeza más destornillada que la suya... No puede ser.

DON MANUEL.- No lo entiendes, Gregorio... Mira, tú has hecho intervenir en esto a un Comisario para evitar los daños que pudieran sobrevenir, y has hecho muy bien... Yo la recibo por la misma razón. Para que su crédito no padezca, para que no se trasluzca lo que ha sucedido entre la vecindad, que todo lo atisba y lo murmura para que mañana se casen, como si fuera yo mismo el que lo hubiese dispuesto para manifestar a Leonor que nunca he querido hacerme un tirano de su libertad, ni de sus afectos para confundirla con mi modo de proceder, comparado al suyo... Pero... ¡Leonor! ¿Es posible que haya sido capaz de tal ingratitud?

DON GREGORIO.- Calla que... (Salen por una calle DOÑA LEONOR, JULIANA, y el lacayo con un farol, y habiendo pasado ya por delante de la puerta de DON ENRIQUE, al volverse DON GREGORIO las ve. DOÑA LEONOR al ver gente se detiene un poco. Se ilumina el teatro.) Sí... Ahí la tienes. Pídela perdón.

DON MANUEL.- ¡Yo! ¡Qué mal me conoces!

Escena VI

DOÑA LEONOR, JULIANA, UN LACAYO, DON MANUEL, DON GREGORIO.

DON MANUEL.- Leonor, no temas ningún exceso de cólera en mí, bien sabes cuánto sé reprimirla, pero es muy grande el sentimiento que me ha causado ver que te hayas atrevido a una acción tan poco decorosa, sabiendo tú que nunca he pensado sujetar tu albedrío, que no tienes amigo más fino, más verdadero que yo... No, no esperaba recibir de ti tan injusta correspondencia... En fin, hija mía, yo sabré tolerar en silencio el agravio que acabas de hacerme, y atento sólo a que tu estimación no pierda en la lengua ponzoñosa del vulgo, te daré en mi casa el auxilio que necesitas, y te entregaré yo mismo al esposo que has querido elegir.

DOÑA LEONOR.- Yo no entiendo, señor Don Manuel, a qué se dirige ese discurso... ¿Qué acción indecorosa? ¿Qué agravio? ¿Qué esposo es ése de quien usted me habla?... Yo soy la misma que siempre he sido. Mi respeto a su persona de usted, mi agradecimiento, y para decirlo de una vez, mi amor, son inalterables... Mucho me ofende el que presuma que he podido yo hacer ni pensar cosa ninguna, impropia de una mujer honesta, que estima en más que la vida, su honor y su opinión.

DON MANUEL.- ¿Oyes lo que dice? (Volviéndose a DON GREGORIO.)

DON GREGORIO.- Ya se ve que lo oigo... (Acercándose a DOÑA LEONOR.) Conque, Leonorcita... Ahorremos palabras... ¿De dónde vienes, hija?

DOÑA LEONOR.- De casa de Doña Beatriz.

DON GREGORIO.- ¿Ahora vienes de allí, cordera?

DOÑA LEONOR.- Ahora mismo... ¿No ve usted a Pepe, que nos ha venido a acompañar?

DON GREGORIO.- ¿Y no sales de casa de Don Enrique?

DOÑA LEONOR.- ¿De quién? ¿De ése que vive aquí, en...? ¡Eh! No por cierto.

DON GREGORIO.- ¿Y no habéis concertado vuestro casamiento a presencia del Comisario?

DOÑA LEONOR.- Me hace reír... ¿Ves qué desatino, Juliana?

DON GREGORIO.- ¿Y no estáis enamorados mucho tiempo ha?

DOÑA LEONOR.- Muchísimo tiempo... ¿Y qué más?

DON GREGORIO.- ¿Y no estuviste en mi casa esta noche? ¿Y no te hicieron salir de allí? ¿Y no te fuiste derechita a la de tu galán? ¿Y no te vi yo?

DOÑA LEONOR.- Esto pasa de chanza. Usted no sabe lo que se dice... (Asiendo del brazo a DON MANUEL se dirige hacia su casa.) Vamos a casa, Don Manuel, que ese hombre ha perdido el poco entendimiento que tenía, vamos.

Escena VII

DOÑA ROSA, DON ENRIQUE, EL COMISARIO, EL ESCRIBANO, COSME, UN CRIADO, DOÑA LEONOR, JULIANA, UN LACAYO, DON MANUEL, DON GREGORIO. El criado saldrá con la linterna. La luz del teatro se duplica.

DOÑA ROSA.- ¡Leonor!... ¡Hermana!... (Corriendo hacia DOÑA LEONOR la coge de las manos y se las besa.)

DON GREGORIO.- ¡Huf! (Al reconocer a DOÑA ROSA, se aparta lleno de confusión.)

DOÑA ROSA.- Yo espero de tu buen corazón que has de perdonarme el atrevimiento conque me valí de tu nombre, para conseguir el fin de mis engaños. El ejemplo de tu mucha virtud hubiera debido contenerme; pero, hermana mía, bien sabes que diferente suerte hemos tenido las dos.

DOÑA LEONOR.- Todo lo conozco, Rosita... La elección que has hecho, no me parece desacertada; repruebo solamente los medios de que te has valido... Mucha disculpa tienes; pero toda la necesitas.

DOÑA ROSA.- Cuanto digas es cierto; pero... (Volviéndose a DON GREGORIO que permanece absorto y sin movimiento.) usted ha sido la causa de tanto error, usted... No me atrevería a presentarme ahora a sus ojos, si no estuviese bien segura de que en todo lo que acabo de hacer, aunque le disguste, le sirvo... La aversión que usted logró inspirarme, distaba mucho de aquella suave amistad que une las almas, para hacerlas felices... Tal vez usted me acusará de liviandad; pero puede ser que mañana hubiera usted sido verdaderamente infeliz, si yo fuese menos honesta.

DON ENRIQUE.- Dice bien, y usted debe agradecerla el honor que conserva, y la tranquilidad de que puede gozar en adelante.

DON MANUEL.- (Acercándose a DON GREGORIO.) Esto pide resignación, hermano... Tú has tenido la culpa, es necesario que te conformes.

DOÑA LEONOR.- Y hará muy mal en no conformarse, porque ni hay otro remedio a lo sucedido, ni hallará ninguno que le tenga lástima.

JULIANA.- Y conocerá que a las mujeres no se las encadena, ni se las enjaula, ni se las enamora a fuerza de tratarlas mal. ¡Hombre más tonto!

COSME.- (Hablando con JULIANA.) Y en verdad que se ha escapado como en una tabla. Bien puede estar contento.

DON GREGORIO.- (No dirige a nadie sus palabras, habla como si estuviera solo, y va aumentándose sucesivamente la energía de su expresión.) No, yo no acabo de salir de la admiración en que estoy... Una astucia tan infernal confunde mi entendimiento, ni es posible que Satanás en persona sea capaz de mayor perfidia, que la de esa maldita mujer... Yo hubiera puesto por ella las manos en el fuego y... ¡Ah! ¡Desdichado del que a vista de lo que a mí me sucede, se fíe de ninguna! La mejor es un abismo de malicias y picardías, sexo engañador destinado a ser el tormento y la desesperación de los hombres... Para siempre le detesto y le maldigo, y le doy al demonio, si quiere llevárselo. (Sacando la llave de su puerta, se encamina furioso hacia ella. DON MANUEL quiere contenerle, él le aparta, entra en su casa y cierra por dentro.)

DON MANUEL.- No dice bien... Las mujeres dirigidas por otros principios que los suyos son el consuelo, la delicia y el honor del género humano... Conque, señor comisario, acepto el depósito, y mañana, sin falta, se celebrará la boda.

DOÑA ROSA.- ¿La mía no más?

DON MANUEL.- Si tu hermana me perdona una breve sospecha, con tanta dificultad creída, no sería Don Enrique el solo dichoso; yo también pudiera serlo.

DOÑA LEONOR.- Hoy es día de perdonar.

DOÑA ROSA.- Sí, bien merece tu perdón y tu mano, el que supo darte una educación tan contraria a la que yo recibí.

DOÑA LEONOR.- Con su prudencia y su bondad se hizo dueño de mi corazón; y bien sabe, que mientras yo viva, es prenda suya.

DON MANUEL.- ¡Querida Leonor! (Se abrazan DON MANUEL y DOÑA LEONOR.)

JULIANA.- ¡Excelente lección para los maridos, si quieren estudiarla!